LA VÉRITÉ

SUR UNE

FEMME DE TRIPOT

BROCHURE

PRIX : 1 FRANC

Conserver la couverture

MARSEILLE

IMPRIMERIE GÉNÉRALE J. DOUCET
Rue Chevalier-Rose, 1, 3 et 5

—

1882

LA VÉRITÉ

SUR UNE

FEMME DE TRIPOT

BROCHURE

———

PRIX : 1 FRANC

———

MARSEILLE

IMPRIMERIE GÉNÉRALE J. DOUCET
Rue Chevalier-Rose, 1, 3 et 5

—

1882

LA VÉRITÉ

UNE FEMME DE TRIPOT

I

Il existe quelque part un infâme tripot, qui, par ses terribles moyens de propagande et de séduction, attire tous les jours dans ses salons une foule nombreuse. Ces innombrables joueurs croient déjà tenir dans leurs mains l'immense fortune, qu'au moyen de coupables illusions, on a soin de leur faire voir si brillante et si facile. Des femmes, merveilleusement belles, douées par la nature des plus séduisants attraits, sont réunies autour de ces tables de jeu, payées et encouragées pour séduire les cœurs et pour aider ensuite à les dépouiller de leur fortune. A chaque instant de fréquentes nouvelles de gains considérables, toutes invariablement fausses, mais adroitement répandues, excitent au jeu de nombreuses personnes.

Dieu a accompli un grand acte de justice en nous délivrant des deux tristes personnages qui ont été si longtemps à la tête de cet établissement. Nous les appelerons, si vous voulez, Monsieur et Madame Noir, quoique ce ne fut pas leur nom, bien loin de là, mais parce que telle devait être assurément la couleur de leur âme.

Leurs enfants, bien loin d'être satisfaits du nombre considérable de victimes ruinées par leur commerce immoral et corrupteur, veulent l'augmenter encore en lui donnant une extension plus grande. C'est en apprenant leur infernal projet d'employer de nouveaux moyens criminels pour accroître leurs millions ; c'est en pensant aux nouvelles familles qui vont devenir leurs victimes que j'ai résolu de faire connaître la vérité sur celle qui a dirigé si longtemps cette abominable industrie. J'ai juré dès lors d'enlever le masque à celle, qui, au moyen d'un effacement apparent et de ténébreux agissements, a su cacher au public le rôle qu'elle a joué, et toutes les abominations qu'elle a autorisées. Beaucoup de personnes ne connaissant que sa générosité et la religion dont elle affichait si haut le masque, ne peuvent croire à tous les faits scandaleux qui lui sont reprochés, et prennent son établissement pour un lieu de distractions bien légitimes.

Il faudrait assurément de nombreux volumes pour dévoiler les horreurs de toute sorte qui se sont commises et se commettent encore dans cet asile de dépravation, mais quelques lignes sur le passé suffiront, je pense, pour édifier le public et lui donner une idée de toutes les ignominies qu'engendreront une organisation plus grande et des moyens d'attrape plus perfectionnés.

Ainsi, pour ne dire qu'un mot sur ce sujet, qui n'est point l'objet de cette première brochure, la vaste maison d'habitation de feu Madame Noir va être transformée par ses enfants en un grand hôtel. Ils ont eu soin déjà de faire adroitement informer le public, qu'à un prix excessivement modéré, on y trouvera, la saison prochaine, le plus grand confortable. En faisant des pertes considérables, cet hôtel réalisera l'avantage d'attirer beaucoup plus d'étrangers ; c'est là leur unique but. La roulette se charge de combler ce déficit.

II

De tout temps les Cocottes ont été considérées dans ce tripot, comme le moyen de propagande le plus séduisant, et un levier puissant pour mouvoir ceux que les affiches les plus enchanteresses ne pouvaient entraîner. Telle était depuis longtemps l'opinion du fondateur de cette honorable maison. Ce sinistre vieillard, de lugubre et sanglante mémoire, accablé par l'âge et le poids de ses infâmies, avait attiré de tout temps dans ses salons toutes les étoiles filantes les plus renommées.

Madame Noir, sa femme, avait de son côté un

goùt prononcé et des dispositions bien naturelles pour s'adonner à un pareil métier, aussi fùt-elle vite initiée aux infâmes mystères de ce tripot, et acquit-elle en peu de temps un talent supérieur dans l'art d'entourer d'attractions son établissement de jeu. Avec le concours payé fort cher d'énivrantes sirènes multipliant leurs charmes, leurs faveurs, et tout ce qui peut en un mot attirer dans un pareil refuge le jeune homme, l'homme mùr et le vieillard décrépit, elle donna à sa maison une célébrité retentissante. Et il lui était d'autant plus facile de paraître complètement étrangère à ce qui s'y passait, qu'elle avait une administration officiellement chargée de tout, mais en réalité ne déplaçant pas un atome de son autorité. Il est vrai que son règne a été tout ce que l'on peut rêver de plus libéral, et lui aurait mérité le titre de Reine des Tripots. Sous son pouvoir on a vu donner leurs coudées franches à toutes les filles de débauche dont son établissement déborde, et leur permettre toute liberté dans leur maintien et leurs rapports.

Son mari s'était contenté de peupler d'Européennes son harem ouvert à tous, mais Madame Noir plus ambitieuse voulut le faire briller de tout l'éclat de plusieurs astres Asiatiques. Aussi quel est le joueur qui n'a point vu autour de ses tables de jeu les plus belles créatures que l'Orient seul peut douer d'attraits si tentateurs. Ces ravissantes beautés dont Vénus serait jalouse, payées à poids d'or et amenées à grands frais de ces régions lointaines, embellissent le sérail de cette sultane éhontée.

Quel est le jeune homme, l'homme marié même, qui ne se laisse enfin tenter par les tableaux pleins de charmes que la renommée fait depuis longtemps de ces éblouissantes courtisanes, et qui, en dehors de toute idée de jeu, n'aille les admirer un jour ? Et après être tombés dans le piège, et avoir possédé quelques instants ces odalisques aux luxuriants appats, tous par la même chaîne dont ces vénus ont soin de les enlacer, sont irrésistiblement entraînés vers la fatale roulette.

III

Instruites de la belle position que trouvent dans ce pays féerique les filles de joie, attirées dans cet établissement digne des mille et une nuits par l'espoir d'obtenir leur part de cet or qu'on se jette par poignées, les plus brillantes cocottes de France abandonnent gaiement leur centre d'opération pour aller s'installer dans cette contrée enchantée. Comment en serait-il autrement, quand elles savent que l'on fait là-bas des rentes à celles qui vont embellir de leurs charmes cette honorable maison, que l'on a cherché à ennoblir, mais à laquelle il ne manque plus cependant pour pouvoir lui donner son vrai nom, qu'un grand numéro suspendu au-dessus de sa porte. Soyez convaincus pourtant que toutes les nouvelles arrivées n'y reçoivent pas le même accueil. Toute déesse, me direz-vous, a le droit de franchir sans formalités le parvis de ce temple de Circée ; mais sachez bien que toutes n'y jouissent pas des mêmes faveurs, réservées seulement à celles jugées capables de convertir quelque indifférent au magique cylindre. Pour enlever tout doute à ceux auxquels certains faits ont paru fort suspects, je n'ai qu'à leur rappeler les plantureux repas servis sous leurs yeux aux plus brillantes de la troupe dans l'hôtel tenu par Madame Noir, et je n'ai qu'à leur demander, si en faisant appel à leurs souvenirs, ils n'ont pas été étonnés du genre de paiement donné par ces dernières. A ceci la sainte dame patronesse de tant d'œuvres de bienfaisance aurait répondu avec son air patelin qu'il fallait être charitable envers tout le monde, et qu'on ne pouvait pas laisser souffrir de la faim ces charmantes petites, ni les laisser manquer de quelques louis quand le vide s'était fait dans leur porte-monnaie. Mais qu'avait-elle à refuser à ses dévouées collaboratrices pour leurs services si précieux : pour les riches clients amenés quelquefois non sans difficultés auprès des numéros ; pour les distractions et les enchantements si variés dont elles les charmaient afin de prolonger leur séjour. Aussi, rien n'était oublié par celle dont elles servaient si bien les intérêts. Les plus habiles cependant qui conduisaient du dehors jusqu'aux ciseaux de la roulette, quelque mouton à la riche toison, celles-là surtout trônaient en souveraines dans le Panthéon de cette noble industrie. C'est ainsi que pendant la saison d'hiver on voyait parfois dans les hôtels des stations voisines de luxuriantes beautés, véritables commis-voyageurs en jupons, dont le regard plein de promesses et de doux accommodements ne tardait pas à gagner à la maison quelque riche client.

IV.

La tactique a été on ne peut plus habile, aussi a-t-elle toujours réussi avec un merveilleux succès. Combien en effet se sont laissés prendre au piège parmi les jeunes gens ou les hommes mariés même qui ont quitté leur pays pour venir chercher sous le climat du midi une douce température. La ville de Y... leur est souvent désignée comme possédant tous les avantages sanitaires d'un ciel toujours clément. Mais craignant à cause de leur passion pour le jeu la proximité de l'établissement en question, certains vont se fixer à X.. pour toute la saison. Ils mènent dans cette dernière ville, une vie fort retirée, évitant même quelquefois d'aller à Y... pour ne pas s'exposer au danger de continuer leur promenade jusqu'à Z... Combien auraient cette réserve jusqu'à la fin, si pour les entrainer on n'employait mille illusions trompeuses. Quand ils restent sourds à toutes les annonces de fortunes gagnées, de bénéfices réalisés c'est toujours pour la renommée de quelque nouvelle étoile plus éblouissante, qu'on triomphe de leur résistance. Mais hélas que dire de ceux qui, trop confiants dans leurs propres forces, et sous prétexte de trouver des distractions, vont fixer leur séjour sur les lieux mêmes. Ce n'est point à leur âge où le sang bouillonné de jeunesse et la tête est pleine des illusions de l'amour qu'ils peuvent résister à tant de charmes et tant d'appas. Si Madame Noir a accordé les plus grandes faveurs à ses sbires féminins, elle savait très bien que sans leur concours dévoué, ses coffres resteraient souvent vides.

Cependant, même une fois lancés dans ce tourbillon de femmes et de jeu, quelques uns ont parfois la force de ne jouer pendant un certain temps que des sommes peu importantes, se contentant de fournir les différences de leurs compagnes toujours d'une passion acharnée pour la roulette.

Mais insensiblement s'accumulent des pertes considérables ; pour les rattraper, ils font de tout côté des demandes d'argent et bientôt une longue série d'emprunts, qui ne prennent fin, quand ils peuvent disposer de leur fortune, qu'après leur débacle complète.

Mais quand ces malheureux, au lieu d'être des jeunes gens sont des hommes mariés, peuvent-ils après ce désastre se présenter devant leur femme, qui croit encore être millionnaire, et qui dans huit jours n'aura plus à sa disposition un morceau de pain ? Peuvent-ils aller embrasser leurs enfants qu'ils viennent de jeter dans la plus affreuse misère ? Nul homme ne le pourrait, ils ne le peuvent point eux-mêmes. On entend bientôt dans les environs la détonation d'une arme à feu ; leur cadavre est vite enlevé sans être aperçu des indiscrets, car bien souvent on le surveille encore vivant Et si, malgré toutes les précautions prises, le public est informé de quelqu'un de ces nombreux suicides, on a toujours soin de l'attribuer à des chagrins domestiques.

Je me permets ici une simple question :

Quels sont les plus coupables des jeunes gens et des hommes mariés qui se laissent ainsi entraîner dans la ruine et le déshonneur, et de ceux qui leur ouvrent très-large cette voie en autorisant cet établissement de jeu ?

V

On concevra donc facilement qu'après de pareils services, madame Noir n'ait reculé devant aucun sacrifice pour attirer des filles d'une jeunesse et d'une beauté remarquables. Il n'est pas non plus difficile de croire que cette tripotière, si habile d'ailleurs et si tristement renommée, ait laissé bien loin de son établissement toutes les plus célèbres maisons du même genre, qui, sous une dénomination plus repoussante, mais plus sincère, font exactement le même commerce, moins celui de la roulette beaucoup plus lucratif. Voilà pourquoi madame Noir, grâce aux deux industries réunies, a réalisé dansl'espace de trente ans uue fortune de *deux cents millions*, tandis que les malheureuses qui n'ont fait que le commerce encouragé par Napoléon I, ont à peine gagné une petite fortune. Et voilà pourquoi ces dernières sont en public montrées au doigt avec dégoût, tandis qu'après avoir fait infiniment plus de victimes qu'elles de dupes, leur rivale enrichie avait pendant sa vie ses entrées dans le grand monde. Voilà pourquoi ses enfants ont aujourd'hui à Paris des hôtels magnifiques, roulent carrosse et portent des blasons, à travers lesquels cependant, on aperçoit toujours le grand numéro, qui devrait décorer le fronton de leur maison de naissance.

Ne soyez donc pas étonnées honnêtes lectrices d'avoir vu naguère briller à vos yeux éblouis tant de précieux bijoux lui appartenant, elle les avait acquis en tenant toute sa vie dans ses mains une roulette mise en mouvement par une fille de plaisirs, enseigne honteuse des deux passions humaines les plus aveugles et les plus violentes. C'est en les exploitant ignoblement jusqu'à leur paroxisme, jusqu'à leur délire suprême, qu'elle est arrivée à amonceler tous ces trésors divers. Par des moyens aussi infâmes, ce ne sont pas des diamants qu'on peut accumuler, ce n'est pas un pays qu'on peut démoraliser, c'est l'or de tout l'univers qu'on peut s'approprier, c'est le monde entier qu'on peut gangrener.

Si ces pierreries que vous avez admirées avaient pu parler, si elles avaient pu dire l'origine des millions qu'elles ont coûtés, vous auriez reculé d'horreur et de dégoût, et auriez cru souiller votre regard en les contemplant d'avantage.

VI

Songez cependant qu'il suffit de jeter un coup d'œil sur les plus récentes statistiques, pour se convaincre qu'en France le nombre des femmes perdues augmente tous les jours dans d'effrayantes proportions, et que les mœurs entrent dans

une période de cynique immoralité. On redouble
de surveillance, et les moyens les plus louables
sont pris pour encourager et sauvegarder la vertu;
mais le tripot en question, maison de jeu et de
corruption, reste ouvert à tout âge comme à tout
sexe ; et dans cette école du vice, on paie des
bacchantes pour exciter à la débauche et à la
ruine.

VII

Soyez persuadés que quand je dis pouvoir citer
mille exemples de suicides, je ne sors point de la
vérité, car la moyenne de ceux qui mettent fin à
leurs jours après s'être ruinés dans cette maison
est de soixante-dix par an. Comptez et vous au-
rez la navrante réalité de plus de deux mille malheureux qui se sont donnés la mort, depuis que
cet établissement existe à Z... ou dans une autre
ville. Et cependant, si on faisait aussi le calcul
approximatif de tous les orphelins qui ont été
par suite plongés dans la plus abjecte misère, le
nombre en serait alarmant. Il ne faut pas, bien
entendu, pour dresser ces chiffres, puiser ces in-
formations dans les journaux des environs qui
donnent les causes des suicides. Mais certaines
personnes de l'endroit même fournissent, preu-
ves à l'appui, des renseignements exacts.

On est révolté en apprenant que tant d'infâmies ont été causées par cette femme, qui n'a pas craint de pousser sa cynique cupidité, jusqu'à continuer seule cet ignoble trafic, après avoir donné à son mari, torturé par le remords, la promesse solennelle de mettre fin, après son décès, à leur tripotage éhonté, fait attesté par plusieurs personnes dignes de foi.

VIII

Mais quels ténébreux agissements, quelles infernales intrigues n'a-t-elle pas employées pour cacher son rôle odieux et pour donner à son commerce scandaleux une apparence d'honnèteté. C'était tous les jours chez elle une longue procession de sœurs quêteuses, qu'elle savait attirer de loin, pour déposer son offrande entre leurs mains. Ces filles s'en allaient, proclamant sur leur chemin les bienfaits de madame une telle, qu'elles ne connaissaient autrement. et le tour était joué. Apprenait-elle quelque part un grand malheur, elle envoyait immédiatement une certaine somme et par la voix de cent journaux le public était aussitôt informé de sa générosité ; et son but était atteint, car ces mêmes journaux se gardaient bien d'ajouter, que la veille trois suicides avaient eu lieu dans le tripot de cette infâme comédienne; (c'est arrivé il n'y a pas longtemps).

Ils se gardaient bien de dire que cet or qu'elle distri-
buait par louis, elle le prélevait par millions sur la
ruine et souvent la mort de nombreuses victimes.
Ils se gardaient bien de faire toutes ces révéla-
tions, car il est probable que nous aurions fait
justice pour une bonne fois de cette aventurière,
qui faisait l'aumône d'une main, et de l'autre
ruinait et assassinait nos enfants. Et nous tolé-
rons depuis si longtemps ces lugubres mascara-
des payées avec notre or et notre sang.

IX

Certains m'accuseront peut-être d'être injuste
envers cette femme, car ele était arrivée jusqu'ici, au moyen de son faux visage de sœur de
charité, au moyen de quelques aumônes faites
au grand jour, et répercutées avec soin par des
échos richement soudoyés, à faire taire l'indigna-
tion publique. Les femmes qui n'ont commis que
certains manquements, je dirai même certains
crimes, ont droit à des marques de respect. Mais
doit-on avoir des égards envers cette misérable
qui, pour remplir ses coffres, a fait le trafic mons-
trueux du sang et de l'honneur de tant de malheureux. Je le demande à tout français de cœur ?
Mais quand tous seront renseignés sur elle, ceux-
là seulement qui ont été vendus, et sont devenus

ses lâches complices, ceux-là seuls me trouve-
ront coupable.

Et en dépit des efforts de ces derniers pour cacher ses ignominies, nul ne doit ignorer que la
femme restée si longtemps à la tête de ce commerce immoral, était la même que l'on a vue
tantôt se prosterner dans les églises, tantôt chercher à exciter l'admiration par quelques deniers
versés dans la main d'un malheureux, mais pris
sur des millions, produit de la ruine de tant de
veuves et d'orphelins. Et le dirai-je, combien de
ces aumônes que vous avez admirées, étaient pré-
levées sur la fortune de pères de famille dont les
filles sont venues plus tard dans l'infâme établissement de cette aventurière, perdre leur honneur
pour avoir un morceau de pain ! Mais n'a-t-on
pas vu il y a quelques années sur ce théâtre de
tant d'abominations, une mère dénaturée, dé-
possedée à la roulette d'une fortune considérable,
livrer à l'infamie, pour se procurer de l'or, ses
deux filles d'une remarquable beauté.

Combien ont encore aujourd'hui présents à
leur souvenir, le nom et les charmes des (deux
sœurs vendues) comme on les avait surnommées.

Si vous avez encore des doutes sur cette femme levez le masque qu'elle a porté toute sa vie,
et vous trouverez dessous un monstre à cent
gueules, qui s'est repu jour et nuit d'or et de
sang et n'a jamais été rassasié.

Voilà l'œuvre de la mère, voilà l'œuvre que continuent, et que déjà ne trouvent plus assez lucrative ses dignes enfants. Comme elle, par de grandes largesses, ils cherchent à étouffer les scandales de leur honteux lupanar, disons le mot. Il est vrai qu'un célèbre voleur italien, dont le nom m'échappe, ne rencontrait jamais un pauvre sur son chemin sans lui faire l'aumône, et ce pauvre n'était jamais un de ceux qu'il arrive souvent à la famille Noir de soulager, c'est-à-dire une veuve, dont il eut la fortune dans la poche, et la mort de son mari sur la conscience. Cependant ce généreux voleur fut condamné au gibet et exécuté en pleine place publique. Mais il n'était qu'un vulgaire malfaiteur, tandis que cette illustre famille est parée de blasons... payés argent comptant. Ah si on vendait aussi l'honneur comme elle l'achèterait, même au prix de plusieurs millions.

X.

Aujourd'hui on fait en France les plus grands efforts pour instruire la jeunesse dans la science et les grandes vertus, et en même temps on lui laisse ouverte une maison infâme, conduisant au vice et à la perdition.

Je le demande cependant à ceux qui nous gouvernent, autoriseraient-ils en France un établissement dans lequel on chercherait, par tous les moyens de séduction, à attirer des jeunes gens pour les voler adroitement ? Je le leur demande, autoriseraient-ils une pareille institution de filous? Non, trois fois non pour l'honneur de la France, mais pour sa honte et son déshonneur, je suis obligé de dire, qu'ils en tolèrent une à nos portes sous une autre dénomination, c'est vrai, et c'est là leur seule excuse, mais dans laquelle on dévalise tout comme l'on pourrait faire dans l'autre. Oui les jeunes gens peuvent se rendre à toute heure dans cette maison autour de laquelle fourmille tout un sérail de filles de plaisirs, payées et encouragées pour les entraîner au jeu et à la débauche Et ceux qui l'autorisent sont la cause morale et responsable que la plupart d'entre eux tombent du sein de la fortune et de l'abondance dans la plus abjecte pauvreté. Oui les pères de famille peuvent aller y subir une ruine assurée et plonger dans la plus affreuse misère de nombreux enfants.

XI

Nous, français, peuple de civilisation et de progrès, nous jetons brutalement dans une étroite prison, les malheureux qui, torturés par la faim, viennent nous prendre un morceau de pain. Ah ! si ces voleurs avaient soin d'établir le siège de leurs opérations dans un grand palais, comme ces filous qui dépouillent là-bas le passant fasciné, ce n'est pas alors un morceau de pain qu'ils pourraient nous prendre impunément, mais bien notre porte-monnaie rempli d'or ; après ce haut fait nous ne les qualifierons plus de voleurs mais d'honnêtes gens. Et si de plusieurs millions soustraits par eux, ils prélevaient seulement quelques louis pour les distribuer aux pauvres en notre présence, immédiatement nous acclamerions tous leur magnanime générosité. Cela vous parait étrange et vraiment incroyable, voilà cependant ce qui se passe en France en plein dix-neuvième siècle ; voilà comment nous traitons les exploiteurs de cet ignoble trafic, ces vampires insatiables qui sucent depuis trente ans l'or et le sang de la France.

Cependant à côté de tant de malheureux français devenus leurs victimes, le rouge de la honte devrait nous monter au front, en voyant trainées par de brillants équipages les deux filles de ce honteux tripot, qui, ont acheté sous nos yeux, des titres de noblesse, chacune pour la somme de trente millions, produit de leur infâme gain. Combien de ruines cependant, combien de suicides, combien d'orphelins représentent ces chiffres scandaleux.

O vous, épouse fortunée, qui goûtez auprès d'un mari fidèle le bonheur si doux du mariage et de la famille ! O vous, heureuse mère, qu'un fils plein de jeunesse et d'avenir comble de joie et d'espérance ! Vous toutes, quoique riches, quoique millionnaires, tremblez que l'un et l'autre ne s'introduisent un jour dans cet infâme établissement. Veillez surtout, car à partir de ce moment fatal, ils auront un pied dans un terrible engrenage qui les broiera tôt où tard. Veillez, car votre ruine est dès lors assurée, et ce nom que vous êtes si fière de porter sera peut-être déshonoré, mais toujours flétri par celui qui vous l'a donné ; et ce fils qui fait votre gloire vous couvrira de honte et vous fera mourir de chagrin. Voilà les résultats effrayants, mais rigoureusement vrais, que produit tons les jours le commerce organisé dans cette maison, bien digne des Messaline et des Circée qui l'habitent.

Si dans l'espoir de tenter bientôt de nouveaux efforts, je pouvais par ces quelques lignes n'avoir préservé qu'un seul de mes concitoyens de la ruine et du déshonneur, je m'estimerais heureux, et je croirais ne pas avoir perdu mon temps.

En quittant le champ d'honneur où il combat pour sauver ses frères, un français ne dit pas adieu, mais au revoir.

Marseille. — Imp. J. Doucet, rue Chevalier-Rose, 3 et 5.